La représentation

des

indigènes musulmans

DANS LES CONSEILS DE L'ALGÉRIE

PAR

E. ROUARD DE CARD

Professeur de Droit civil à l'Université de Toulouse,
Associé de l'Institut de Droit international

PARIS

A. PEDONE, Editeur

LIBRAIRE DE LA COUR D'APPEL ET DE L'ORDRE DES AVOCATS

13, RUE SOUFFLOT, 13

1909

—

Tous droits réservés

La représentation

des indigènes musulmans

DANS LES CONSEILS DE L'ALGÉRIE

DU MÊME AUTEUR :

LES TRAITÉS DE PROTECTORAT CONCLUS PAR LA FRANCE EN AFRIQUE
Paris, Pedone, 1897. Un volume in-8°. — Prix : **5** fr.

LES TRAITÉS ENTRE LA FRANCE ET LE MAROC
Paris, Pedone, 1898. Un vol. in-8° avec une carte. — Prix : **6** fr.

LES TERRITOIRES AFRICAINS ET LES CONVENTIONS FRANCO-ANGLAISES
Paris, Pedone, 1901. Un vol. in-8° avec sept cartes. — Prix : **8** fr.

LA FRANCE ET LES AUTRES NATIONS LATINES EN AFRIQUE
Paris, Pedone, 1903. Un vol. in-8° avec cinq cartes. — Prix : **5** fr.

LES RELATIONS DE L'ESPAGNE ET DU MAROC *pendant le XVIIIe et le XIXe siècles.*
Paris, Pedone, 1905. Un vol. in-8° avec 1 carte et 2 gravures. — Prix : **8** fr.

LES TRAITÉS DE LA FRANCE AVEC LES PAYS DE L'AFRIQUE DU NORD
ALGÉRIE, TUNISIE, TRIPOLITAINE ET MAROC
Paris, Pedone, 1906. Un vol. in-8°. — Prix : **12** fr.

———————

Les Possessions françaises de la côte orientale d'Afrique
Paris, Pedone, 1899. Br. gr. in-8°. — Prix : **1** fr. **50**

La frontière franco-marocaine et le protocole
du 20 juillet 1901.
Paris, Pedone, 1902. Br. in-8° avec une carte. — Prix : **1** fr. **50**

L'île de Peregil. Son importance stratégique, sa neutralisation.
Paris, Pedone, 1903. Br. gr. in-8°. Prix : **2** fr.

Le Protectorat de la France sur le Maroc.
Paris, Pedone; Toulouse, Privat, 1905. Br. gr. in-8° — **2** fr. **50**

La politique de la France à l'égard de la Tripolitaine
pendant le dernier siècle.
Paris, Pedone; Toulouse, Privat, 1906. Br. gr. in-8°. Prix : **2** fr.

Les traités de commerce conclus par le Maroc avec
les Puissances étrangères.
Paris, Pedone; Toulouse, Privat, 1907. Br. gr. in-8°. — Prix : **2** fr. **50**

Une Compagnie française dans l'empire du Maroc
au XVIIe siècle
Paris, Pedone, 1908. Br. gr. in-8°. — Prix : **3** fr.

La représentation

des

indigènes musulmans

DANS LES CONSEILS DE L'ALGÉRIE

PAR

E. ROUARD DE CARD

Professeur de Droit civil à l'Université de Toulouse
Associé de l'Institut de Droit international

PARIS

A. PEDONE, Editeur

LIBRAIRE DE LA COUR D'APPEL ET DE L'ORDRE DES AVOCATS

13, RUE SOUFFLOT, 13

1909

AVANT-PROPOS

I L y a vingt ans, j'ai publié dans la Revue générale d'administration *un article intitulé :* « *Les indigènes musulmans de l'Algérie dans les assemblées locales* »[1]. *Depuis cette publication, sont intervenus des décrets qui ont remanié le Conseil supérieur, institué les délégations financières et modifié les Conseils généraux. Par suite de ces changements successifs, la représentation des indigènes musulmans de l'Algérie se trouve organisée d'une façon plus large et plus effective. Il me paraît, dès lors, utile de reprendre mon étude sur des bases entièrement nouvelles.*

Aussi bien un pareil travail n'est point dépourvu d'actualité, puisqu'à cette heure tout le monde discute sur les droits et les obligations des indigènes algériens.

Une question grave vient, en effet, de se poser devant notre Parlement : le service militaire doit-il être rendu obligatoire pour les Arabes et les Kabyles[2] ?

---

1. *Revue générale d'administration*, 1888, III, p. 257.
2. Rapport fait par M. Messimy au nom de la commission chargée d'examiner le budget de l'exercice 1908 (ministère de la guerre), Chambre des députés. Documents : session ordinaire de 1907, n° 1233.

2

La solution affirmative a été préconisée, au cours de la session de 1907, par M. Messimy, rapporteur du budget de la guerre; elle a été présentée comme étant le seul moyen d'obvier à la faiblesse de la natalité française et à l'insuffisance des contingents annuels.

Tout en se montrant favorable à l'idée nouvelle, le Gouvernement a jugé nécessaire de s'éclairer sur les conséquences de son application; il a, dans ce but, institué une commission qui a fait une enquête très sérieuse en Tunisie[1] et en Algérie[2].

Ce projet de conscription indigène a donné lieu à une ardente polémique dans les journaux et les revues. Il a été défendu par les publicistes qui se préoccupent uniquement des intérêts généraux de la métropole, mais il a été, au contraire, attaqué par les publicistes qui ont souci du développement et de la prospérité de notre belle colonie africaine[3].

Du reste, les uns et les autres, partisans et adversaires, ont été d'accord pour reconnaître que, dans tous les cas, l'on ne pourrait imposer cette nouvelle obligation aux indigènes sans leur reconnaître en

----

1. En Tunisie, une loi sur le recrutement militaire fut promulguée le 12 redjeb 1276 (7 février 1860), mais elle ne fut pas appliquée par le bey si Mohammed Sadok. Après l'établissement du protectorat français, elle fut remise en vigueur avec de notables modifications.

2. La commission d'enquête a déposé son rapport au mois de mars 1908 et le gouvernement a fait ensuite procéder au recensement des indigènes âgés de 18 ans.

3. On peut lire à ce sujet les articles suivants :

Eug. ETIENNE, Le recrutement des indigènes en Algérie, l'*Opinion*, n° du 8 février 1908.

Paul LEROY-BEAULIEU, Les indigènes de l'Algérie et le service militaire, l'*Economiste français*, 1ᵉʳ semestre 1908, p. 335.

Camille SABATIER, Du recrutement des indigènes algériens, *Revue politique et parlementaire*, n° du 10 janvier 1909, p. 25

retour des droits politiques beaucoup plus nombreux et plus amples [1]. *Il est donc intéressant de rechercher quelle est actuellement leur condition à cet égard : comment sont-ils représentés dans les conseils locaux de l'Algérie et comment participent-ils à la vie publique de leur propre pays ?*

---

1. Réponse faite par le Président du Conseil à la délégation des musulmans, le 3 octobre 1908, *Bulletin du Comité de l'Afrique française*, 1908, p. 340.

La représentation

des indigènes musulmans

DANS LES ASSEMBLÉES ALGÉRIENNES

Notre colonie algérienne, envisagée dans son ensemble, comprend actuellement deux parties bien distinctes au point de vue financier et administratif :

L'Algérie du Nord,

Les territoires du Sud[1].

L'Algérie du Nord ou Algérie proprement dite, dont le gouverneur général a la haute administration[2], est dotée d'un budget spécial et investie de la personnalité civile[3].

Elle se divise elle-même en deux parties d'inégale importance : le territoire civil et le territoire de commandement.

Le premier, de plus en plus étendu[4], est admi-

---

1. Loi du 24 décembre 1902 portant création des territoires du Sud.

2. Décret du 23 août 1898 relatif aux attributions du gouverneur général de l'Algérie, art. 1er.

3. Loi du 19 décembre 1900 portant création d'un budget spécial pour l'Algérie. L'article 9 de cette loi a été modifié par la loi du 9 juillet 1907.

4. A partir de 1880, le territoire civil de l'Algérie a été constamment étendu. Une décision du gouverneur général a rattaché, en 1906, une portion notable de communes qui se trouvaient encore sous l'administration militaire.

nistré par les préfets des départements, les sous-préfets des arrondissements, les maires des communes de plein exercice, les administrateurs des communes mixtes et les adjoints indigènes [1].

Le second, de plus en plus réduit [2], est administré par les généraux commandant les divisions et subdivisions, les commandants supérieurs des cercles, les chefs des annexes [3] et les chefs indigènes.

Les territoires du Sud [4] sont investis de la personnalité civile et sont dotés d'un budget autonome [5] ; ils sont placés sous l'autorité immédiate du gouverneur général qui y exerce les attributions administratives et financières dévolues, dans l'Algérie du Nord, aux préfets des départements et aux généraux commandant les divisions [6].

---

1. Il y a des adjoints indigènes dans les communes de plein exercice où la population musulmane est assez nombreuse pour qu'il y ait lieu d'exercer à son égard une surveillance spéciale. Décret du 7 avril 1884, art. 5.

2. Le territoire de commandement a été sensiblement réduit par les rattachements au territoire civil, depuis 1880, et par la création des territoires du Sud depuis 1902.

3. Les commandants des cercles et les chefs des annexes remplissent les fonctions de maires dans les communes mixtes et indigènes ; ils sont assistés par des officiers faisant fonctions d'adjoints.

4. Le décret du 12 décembre 1905, fixant l'organisation des territoires du Sud, a supprimé les subdivisions militaires de Aïn-Sefra et de Laghouat, art. 1.

5. Loi du 24 décembre 1902, déjà citée, art. 3, 4 et 5.

6. Décret du 14 août 1905, relatif à l'organisation des territoires du Sud, art. 1, 2, 3, 4, et 8.

A la tête de chacun des quatre territoires [1], se trouve un commandant militaire, nommé par décret[2], qui a sous ses ordres les commandants supérieurs des cercles, les chefs des annexes, les chefs des postes et les caïds des tribus.

Le gouverneur général peut déléguer, par décision spéciale, ses attributions administratives et financières aux commandants des territoires [3].

Pour délibérer sur les affaires de la colonie et de ses circonscriptions administratives, plusieurs assemblées ont été successivement instituées [4] :

Le conseil supérieur de gouvernement.

Les délégations financières.

Les conseils généraux [5].

Les conseils municipaux des communes de plein exercice.

Les commissions municipales des communes mixtes.

Les commissions municipales des communes indigènes.

Dans ces divers conseils, les citoyens français établis en Algérie sont admis à envoyer des représentants pour assurer la défense de leurs intérêts.

---

1. Ces quatre territoires sont : le territoire d'Aïn-Sefra, le territoire des Oasis, le territoire de Ghardaïa et le territoire de Touggourt.

La composition de chacun de ces territoires a été fixée d'abord par le décret du 12 décembre 1905 et ensuite a été remaniée par le décret du 10 avril 1907.

2. Décret du 14 août 1905, déjà cité, art. 7.

3. Décret du 14 août 1905, déjà cité, art. 9.

4. Je ne mentionne pas dans mon énumération le conseil de gouvernement qui est un comité consultatif établi auprès du gouverneur général de l'Algérie : il est composé des chefs des divers services et des conseillers rapporteurs.

5. Il n'y a pas de conseils d'arrondissement en Algérie.

La même garantie est-elle reconnue aux indigènes musulmans ?

Si l'on tient compte du dernier état de la législation, on ne doit pas hésiter à répondre affirmativement.

Aujourd'hui, les indigènes musulmans sont représentés dans toutes les assemblées délibérantes de l'Algérie, quelles qu'elles soient : dans les conseils municipaux et généraux, comme dans le conseil supérieur et les délégations financières.

En permettant aux Arabes et aux Kabyles d'exercer un contrôle effectif sur l'administration de l'Algérie, le gouvernement de la Métropole a accompli non seulement un acte de stricte justice, mais encore un acte de prévoyante politique.

Les Musulmans, il ne faut pas l'oublier, constituent le principal élément de la population algérienne[1]. Si, à défaut de la naturalisation spéciale[2], ils sont simplement sujets français et ne jouissent pas des droits de citoyen, ils n'en demeurent pas moins soumis à des charges très nombreuses et très lourdes. Non seulement, ils payent des impôts spéciaux, connus

---

1. D'après le dénombrement de 1906, la population municipale de l'Algérie s'élevait à 5,158,051 habitants. Or, dans ce chiffre global, on comptait 4,447,149 indigènes musulmans, sujets français.

2. Les conditions et les formes de cette naturalisation sont réglées par le décret du 21 avril 1866 et par le décret du 24 octobre 1870.

Voir à ce sujet notre ouvrage : *Etudes de droit international*, 1889, p. 90.

sous le nom d'impôts arabes[1]; mais encore, comme commerçants, industriels ou propriétaires de maisons, ils payent l'impôt des patentes[2] et la contribution foncière de la propriété bâtie[3]. Dès lors, ils doivent avoir accès dans les conseils où sont délibérés les budgets des communes, des départements et de la colonie elle-même, afin de pouvoir examiner les évaluations de recettes et les prévisions de dépenses relatives à tous ces budgets.

D'ailleurs, s'il est juste, il est en même temps politique d'associer les indigènes algériens au règlement des affaires locales. Appelés, en effet, à siéger dans les assemblées à côté des membres français, ils se rendront mieux compte de nos sentiments et de nos idées. Peu à peu, ils s'affranchiront des rancunes et des préventions qu'ils conservent encore contre nous. Devenus des collaborateurs actifs et dévoués, ils nous aideront à réaliser l'œuvre de civilisation que nous avons entreprise dans leur pays et que nous ne cessons d'y poursuivre.

Ces idées ont fini par prévaloir en France.

---

1. Les impôts arabes sont au nombre de quatre :
L'achour qui est le dixième du produit net des récoltes ;
Le hokkor qui, dans la province de Constantine, frappe exclusivement les terres arch et qui vient en sus de l'achour ;
Le zekkat qui est appliqué aux troupeaux recensés ;
Le lezma qui est un impôt de capitation dans la Kabylie et un impôt sur les palmiers dans le sud algérien.
Au principal des impôts arabes, viennent s'ajouter de nombreux centimes additionnels. WHAL, *op. cit.*, 5e édit., 1908, p. 281.
2. Décret du 30 décembre 1902, relatif à l'impôt des patentes en Algérie.
3. Loi du 23 décembre 1884, ayant pour objet l'établissement de la contribution foncière sur la propriété bâtie en Algérie.

Le gouvernement métropolitain a compris que
« pour préparer un avenir paisible à l'Algérie », il
devait assurer aux «indigènes une représentation dans
toutes les assemblées qui ont à prononcer sur leurs
intérêts » [1].

La représentation de l'élément indigène est donc
un fait acquis.

Il reste à voir si elle est organisée d'une façon
satisfaisante. C'est ce que nous allons rechercher en
examinant successivement les divers conseils de
l'Algérie. Nous indiquerons, à propos de chacun
d'eux, comment sont nommés les représentants des
indigènes, quel est leur nombre et quels sont leurs
droits.

---

1. Paul LEROY-BEAULIEU, *De la Colonisation chez les peuples
modernes,* 2ᵉ édit., 1882, p. 378. — WHAL, *l'Algérie,* 1ʳᵉ édit.,
1882, p. 248. — Ismaël HAMET : *les Musulmans français du Nord
de l'Afrique,* p. 264.

$ I

Conseil supérieur de Gouvernement

L'Algérie possède une haute assemblée, dite Conseil supérieur de gouvernement.

Le Conseil est appelé à délibérer et à voter sur le projet de budget établi par le gouverneur général et déjà voté par l'assemblée des délégations financières [1].

Il est appelé aussi à délibérer et à voter sur les projets relatifs aux emprunts à contracter et aux travaux publics à concéder [2].

Jusqu'à ces dernières années, le Conseil supérieur était composé uniquement des chefs des principaux services et des délégués des conseils généraux [3]; aucun représentant de l'élément musulman ne figurait parmi ses membres. C'était là une lacune regrettable, car les indigènes, étant contribuables, avaient grand intérêt à pouvoir discuter toutes les propositions relatives au budget, aux emprunts et aux travaux publics.

---

1. Loi du 19 décembre 1900, déjà citée, art. 6, 7, 8, 9.
2. Loi du 19 décembre 1900, déjà citée, art. 1er.
3. Décret du 11 août 1875, relatif au Conseil supérieur de gouvernement, art. 6.

Aussi presque tous les publicistes, s'occupant des questions algériennes, appelaient sur ce point l'attention du gouvernement métropolitain ; ils demandaient que l'élément indigène fût représenté dans le conseil supérieur.

M. Whal écrivait : « Dans ce conseil tout local, sans attributions politiques, on pourrait introduire avec discrétion une représentation indigène qui serait choisie, soit par les électeurs municipaux, soit par une catégorie spéciale d'électeurs présentant des conditions de capacité[1] ».

Et M. Paul Leroy-Beaulieu écrivait à son tour : « Le principe d'une représentation élective s'applique, non seulement aux conseils généraux, aux conseils municipaux, mais encore au conseil supérieur de gouvernement. Le conseil supérieur de gouvernement dont la principale attribution est la préparation du budget de l'Algérie et l'examen des projets de loi que le gouvernement se propose de présenter aux Chambres est composé de hauts fonctionnaires de la colonie et de dix-huit conseillers généraux élus par leurs collègues. Pourquoi n'y ferait-on pas entrer six indigènes élus à raison de deux dans chaque département par leurs coreligionnaires[2] ».

MM. Clamageran et Gomel faisaient entendre le même langage[3].

---

1. Whal, *op. cit.*, 1ʳᵉ édit., 1882, p. 238.
2. Paul Leroy-Beaulieu, *op. cit.*, 2ᵉ édit., 1882, p. 379.
3. J.-J. Clamageran, *L'Algérie. Impressions de voyage*, 1883, p. 411. — Gomel, *Questions algériennes et tunisiennes. Journal des Economistes*, novembre 1887.

Ces justes réclamations ne sont pas restées inutiles. Lorsque le gouvernement métropolitain s'est décidé à remanier la composition du conseil supérieur, il a donné satisfaction, dans une certaine mesure, à ceux qui depuis longtemps demandaient une réforme.

D'après le décret du 23 août 1898, le conseil supérieur ne comprend pas seulement les hauts fonctionnaires de la colonie et les délégués des conseils généraux, il comprend aussi les représentants spéciaux des indigènes musulmans [1].

Voyons comment cette représentation est organisée.

I. — *Nomination de conseillers supérieurs indigènes.*

Tous les conseillers indigènes ne sont pas nommés suivant le même mode.

Les uns sont nommés à l'élection par la délégation financière indigène qui les choisit parmi ses membres.

Les autres sont désignés par le gouverneur général qui les choisit parmi les notables indigènes.

II. — *Nombre de conseillers supérieurs indigènes*

Les conseillers indigènes élus par la délégation financière indigène sont au nombre de quatre, dont l'un appartient à la *section kabyle.*

Les conseillers indigènes désignés par le gouverneur général sont au nombre de trois.

---

1. Décret du 23 août 1898, portant réorganisation du conseil supérieur de gouvernement.

Au total, il y a sept représentants spéciaux des indigènes sur soixante membres. C'est une proportion qui peut paraître bien faible. Pour la relever, on pourrait augmenter le nombre des membres appartenant à la délégation indigène et le nombre des notables indigènes désignés par le gouverneur général.

Il faut, du reste, remarquer que des musulmans peuvent très bien figurer parmi les membres du Conseil supérieur appartenant aux conseils généraux et désignés par eux. En effet, depuis le décret du 24 septembre 1908, les conseillers généraux musulmans, nommés à l'élection, doivent, à tous égards, être mis sur le même pied que les conseillers généraux français [1].

III. — *Droits des conseillers supérieurs indigènes*

Les conseillers indigènes ont les mêmes droits que leurs collègues français en matière budgétaire.

Comme eux, ils délibèrent et votent sur les propositions de recettes et de dépenses.

Comme eux, ils peuvent faire partie de la commission des finances qui est chargée de présenter un rapport sur le projet de budget [2].

Ils reçoivent, comme eux, l'indemnité prévue par le décret du 7 mars 1876 [3].

---

1. Décret du 24 septembre 1908, modifiant le décret du 23 septembre 1875 sur l'organisation des conseils généraux.
2. Loi du 19 décembre 1900, déjà citée, art. 8 et suiv.
3. Décret du 23 août 1898, déjà cité, art. 3.

§ II

Délégations financières

En Algérie, il existe une institution qui donne aux contribuables, français ou sujets français, le moyen de défendre leurs intérêts auprès du gouverneur général : ce sont les délégations financières, créées par le décret du 23 août 1898[1].

Elles sont au nombre de trois.

La délégation financière des colons.

La délégation financière des non-colons.

La délégation financière des indigènes qui comporte une section spéciale, dite *section kabyle*.

Précédemment, ces délégations n'avaient qu'un rôle purement consultatif en matière financière et économique.

D'après l'article 8 du décret du 23 août 1898, chacune d'elles devait être consultée tous les ans par le gouverneur général sur les questions relatives aux impôts et taxes perçues ou à percevoir intéressant la catégorie de contribuables qu'elle était chargée de représenter.

Mais la loi du 19 décembre 1900, en conférant la personnalité civile à l'Algérie, a reconnu aux déléga-

---

1. Décret du 23 août 1898 portant institution des délégations financières. L'article 2 de ce décret a été complété par le décret du 4 janvier 1900.

tions financières « un droit de décision propre en matière budgétaire » [1].

Actuellement, elles délibèrent et votent sur le projet de budget, préparé par le gouverneur général, avant que ce projet soit transmis au conseil supérieur.

Elles délibèrent et votent, en outre, dans les mêmes conditions sur les projets relatifs aux emprunts à contracter et aux travaux publics à concéder [2].

Nous venons de dire qu'à côté des délégations des colons et des non-colons, est instituée une délégation des indigènes musulmans[3].

Grâce à cette troisième délégation, les contribuables indigènes ont des représentants spéciaux.

Voyous comment cette représentation est organisée.

I. — *Nomination des délégués financiers indigènes.*

Le mode de nomination varie suivant qu'il s'agit du territoire civil, du territoire de commandement ou de la Kabylie [4].

Les délégués indigènes du territoire civil sont élus au scrutin individuel par les conseillers municipaux au titre indigène des communes de plein exercice et par les membres des commissions municipales des communes mixtes.

Les délégués des indigènes du territoire de commandement sont désignés par le gouverneur général.

---

1. WHAL, *op. cit.*, 5e édit., 1908, p. 268.
2. Loi du 19 décembre 1900, déjà citée, art. 6, 7, 8, 9.
3. Loi du 19 décembre 1900, déjà citée, art. 1.
4. Décret du 23 août 1898, déjà cité, art. 3.

Les délégués de la Kabylie sont élus au scrutin individuel par les chefs des groupes, dits *kharouba*[1].

Au point de vue du mode de nomination, les délégués des indigènes diffèrent des délégués des colons et des non-colons, qui eux sont tous nommés à l'élection.

II. — *Nombre des délégués financiers indigènes.*

Les délégués des indigènes du territoire civil sont au nombre neuf, à raison de trois par département.

Les délégués indigènes du territoire militaire sont au nombre de six, à raison de deux par département[2].

Les délégués indigènes de la Kabylie sont au nombre de six.

En tout, il y a vingt et un délégués musulmans, dont quinze sont nommés à l'élection et six nommés par l'administration.

Au point de vue du nombre de ses membres, la délégation indigène est inférieure aux deux autres délégations qui comptent chacune vingt-quatre membres[3].

---

1. La *kharouba* est un groupe d'individus de même sang.
Les *kharouba* réunies constituent le *touffik* (hameau).
Les *touffik* réunis constituent le *thaddert* (village).
Les délégués des *kharouba*, élus chaque année, forment la *djemâa* (assemblée de village).
WHAL, *op. cit.*, 5ᵉ édit., 1908, p. 187.

2. Le nombre de six a été maintenu quoique le territoire de commandement ait été diminué pour former les territoires du Sud.

3. Décret du 23 août 1898, déjà cité, art. 2 et 3.

Cette différence numérique est difficile à expliquer : les musulmans, qui constituent le principal élément de la population, devraient avoir au moins autant de représentants que les Français colons ou non colons. Il y aurait lieu de porter le nombre des délégués indigènes du territoire civil à quatre par département.

III. — *Droits des délégués financiers indigènes.*

Les membres de la délégation indigène ont les mêmes droits que les membres des autres délégations[1].

Trois d'entre eux, nommés à l'élection, font partie de la commission des finances qui est chargée de présenter un rapport sur le projet de budget.

Tous sont appelés à participer à l'assemblée plénière dans laquelle sont délibérées et votées les propositions de recettes et dépenses [2].

La délégation indigène, comme les deux autres délégations, élit son bureau, composé d'un président, d'un vice-président et d'un secrétaire[3]. Toutefois, lorsque la délégation indigène vient se réunir à la délégation des colons et à la délégation des non-colons, la présidence et les autres fonctions du bureau sont exercées par les doyens des bureaux de ces deux dernières délégations [4].

---

1. Décret du 23 août 1898, déjà cité, art. 8 et suivants.

2. Loi du 29 décembre 1900, déjà citée, art. 7 et suiv.

3. La section kabyle, quoique délibérant séparément, n'élit qu'un président.

4. Décret du 23 août 1898, déjà cité, art. 11.

§ III

Conseils généraux.

Dans chaque département de l'Algérie, il y a un conseil général dont la composition est déterminée par les décrets du 23 septembre 1875 et du 24 septembre 1908 [1].

Le conseil général comprend non seulement des membres français, mais aussi des membres musulmans.

Les iudigènes musulmans se trouvent donc actuellement représentés dans les conseils généraux ; du reste, ils l'étaient déjà sous l'empire de la législation antérieure.

Le décret du 27 octobre 1858 déclarait que les membres des conseils généraux pourraient être choisis parmi les indigènes comme parmi les Français [2].

Le même principe fut affirmé dans les décrets du 11 juin 1870 et du 28 décembre 1870 [3].

Enfin le décret du 23 septembre 1875 a définitive-

1. Décret du 23 septembre 1875 relatif à l'organisation des conseils généraux.

Les articles 1, 4, 5, 6, 21, 26 et 69 de ce décret ont été modifiés par le décret du 24 septembre 1908.

2. Décret du 27 octobre 1858 sur l'organisation de l'Algérie, art. 17.

3. Décrets du 11 juin 1870 et du 28 décembre 1870 concernant les conseils généraux de l'Algérie.

ment admis la représentation des indigènes musulmans dans les conseils généraux.

Voyons comment cette représentation est organisée par le décret du 24 septembre 1908.

I. — *Nomination des conseillers généraux indigènes.*

Deux modes de nomination ont été successivement appliqués.

D'après le décret du 27 octobre 1858, la nomination des conseillers musulmans était faite par l'Empereur, sur la proposition du Ministre de l'Algérie et des colonies [1].

Le décret du 11 juin 1870 introduisit la distinction suivante :

En territoire civil, les conseillers musulmans étaient élus par les électeurs communaux appartenant à leur religion.

En territoire militaire, ils étaient, au contraire, nommés par l'Empereur, sur la présentation du gouverneur général [2].

Le principe électif que ce décret appliquait dans une certaine mesure, donna lieu à des objections. On fit valoir que les indigènes musulmans, non naturalisés, n'étant pas citoyens français, ne pouvaient être ni électeurs ni éligibles.

---

1. Les membres musulmans étaient, à cet égard, traités comme les membres français.
Décret du 27 octobre 1858, art 17.
2. Décret du 11 juin 1870, art. 3.

Tenant compte de ce raisonnement, le Gouvernement de la Défense nationale abrogea le décret impérial comme étant « en opposition avec les principes du droit public, puisqu'il conférait les droits d'électeur et d'éligible, en matière politique, à d'autres qu'aux citoyens français ou naturalisés français ». Cela fait, il promulgua le décret du 28 décembre 1870, d'après lequel les membres musulmans des conseils généraux devaient être nommés par le Ministre de l'Intérieur, sur la proposition des préfets[1].

Le décret du 23 septembre 1875, réorganisant les conseils généraux de l'Algérie, maintint le système précédent, en lui faisant subir une légère modification: le droit de désigner les *assesseurs musulmans* fut retiré au Ministre de l'Intérieur et confié au gouverneur général.

Le mode de nomination, établi par le décret du 23 septembre 1875, fut bientôt très vivement critiqué[2]. On fit remarquer, d'abord, que ce mode de nomination était peu rationnel. Du moment que les indigènes musulmans élisaient leurs représentants dans les conseils municipaux, ils devaient pouvoir élire leurs représentants dans les conseils généraux· En effet, par les impôts qu'ils acquittaient, ils contri-

---

1. Exposé des motifs du décret du 28 décembre 1870.
2. Paul LEROY-BEAULIEU, *op. cit.*, 6e édition, 1908, t. I, p. 533. — J.-J. CLAMAGERAN, *op. cit.*, p. 289 et 411. — WHAL, *op. cit.*, 5e édition, 1908, p. 298.

buaient à alimenter aussi bien le budget départemental[1] que le budget communal.

On fit remarquer, ensuite, que ce mode de nomination devait avoir des conséquences fâcheuses. Les
conseillers musulmans, nommés par le gouverneur
général, ne jouissaient pas d'une complète indépen-
dance et se considéraient comme des fonctionnaires ;
ils étaient dès lors disposés à se ranger du côté de l'administration et « à voter toujours selon ses vues »[2].

Ces critiques étaient fondées : la nomination des
assesseurs musulmans par le gouverneur général
apparaissait « comme une anomalie et un véritable
anachronisme »[3]. Aussi, tous les hommes compétents
demandaient que l'on substituât aux assesseurs musulmans, nommés par le gouverneur général, des
conseillers généraux indigènes élus par leurs coreligionnaires[4].

Cette réforme que nous jugions nécessaire en 1888,
ne devait se réaliser qu'après plusieurs années.

Le décret du 24 septembre 1908, modifiant le
décret du 23 septembre 1875, a rétabli le principe de
l'élection.

Nous devons insister sur les conditions de l'électorat et de l'éligibilité.

---

1. Les cinq dixièmes des impôts arabes sont attribués au budget
départemental.
WUAL, *op. cit.*, 5e édition, 1908, p. 285.

2. MERCIER, *L'Algérie et les questions algériennes,* p. 263. —
GASTU, *Le peuple algérien,* p. 139.

3. *Bulletin du Comité de l'Afrique française,* 1908, p. 340.

4. Un vœu dans ce sens avait été émis par le conseil général
d'Alger à la session d'avril 1880.

A. *Electorat*. — Sont électeurs [1] :

Les conseillers municipaux au titre indigène des communes de plein exercice.

Les membres indigènes des commissions municipales des communes mixtes et des communes indigènes.

Les chefs des groupes dits *kharouba* [2].

Cette dernière catégorie d'électeurs est spéciale à l'arrondissement de Tizi-Ouzou [3].

En somme, l'on peut constater que le collège pour l'élection des conseillers généraux musulmans « est à » peu près identique au corps électoral appelé à » désigner en territoire civil les délégués financiers » arabes et kabyles » [4].

B. *Eligibilité*. — Sont éligibles [5] :

Les indigènes musulmans qui réunissent les deux conditions :

Etre âgés de vingt-cinq ans.

Etre inscrits sur la liste des électeurs qui viennent d'être indiqués.

Les conditions du scrutin pour l'élection des conseillers généraux indigènes doivent être fixées par un arrêté du gouverneur général[6].

---

1. Décret du 23 septembre 1875, art. 5, modifié par le décret du 24 septembre 1908.

2. Voir ce que nous avons dit à propos des *kharouba*, p. 21 note 1.

3. Tizi-Ouzou est le chef-lieu de l'arrondissement créé dans la Kabylie du département d'Alger : avant 1874, Dellys était le chef-lieu de cet arrondissement.

4. Rapport annexé au décret du 24 septembre 1908, déjà cité.

5. Décret du 23 septembre 1875, art. 6, modifié par le décret du 24 septembre 1908.

6. Décret du 11 mars 1909, art. 1

II. — *Nombre des conseillers généraux indigènes*

D'après le décret du 27 octobre 1858, les conseillers généraux pouvaient être choisis indistinctement aussi bien parmi les indigènes que parmi les européens ; aucune proportion n'était indiquée [1].

Le décret du 11 juin 1870 qui admit le principe électif en territoire civil détermina, dans un tableau annexe, la part faite aux représentants des indigènes musulmans [2].

D'après le décret du 28 décembre 1870, le nombre des membres indigènes fut fixé à six pour chaque département.

Aucune modification, sous ce rapport, n'a été apportée par les décrets ultérieurs.

Le décret du 24 septembre 1908 n'a fait « que substituer aux six assesseurs musulmans, nommés par le gouverneur général dans les trois conseils généraux de l'Algérie, un nombre égal de conseillers indigènes élus par un collège spécial [3] ».

Nous estimons, avec d'autres publicistes, que la part faite à la représentation indigène est trop réduite : 6 sur 36 membres pour les conscils généraux d'Alger et de Constantine, et 6 sur 33 membres pour le conseil général d'Oran [4].

----

1. Décret du 27 octobre 1858, art. 17.
2. Décret du 11 juin 1870, art. 1.
3. Rapport annexé au décret du 24 septembre 1908, déjà cité,
4. WHAL, *op. cit.*, 5ᵉ édit., 1908, p. 298.

III. — *Droits des conseillers généraux indigènes.*

Les conseillers généraux musulmans, élus par leurs coreligionnaires, ont les mêmes droits que les conseillers généraux élus par les citoyens français.

De là, les conséquences suivantes :

a) Ils ont, dans toutes les affaires, voix délibérative.

Sous l'empire du décret du 28 décembre 1870, ce droit fut contesté aux membres musulmans qui étaient alors nommés par le Ministre de l'Intérieur. On prétendit qu'étant de simples assesseurs, ils devaient avoir seulement voix consultative. Cette manière de voir ne fut pas admise par le gouvernement métropolitain. A la date du 10 décembre 1871, le Ministre de l'Intérieur prit, avec l'approbation du Président de la République, une décision par laquelle il se prononçait nettement en sens contraire[1]. S'appuyant sur les dispositions du décret du 28 décembre 1870, il disait : « L'article 5 de ce décret, en » fixant le nombre des membres du conseil général » de chaque département, comprend dans ce nom- » bre : *six membres assesseurs choisis, comme par* » *le passé, parmi les indigènes musulmans.* Or, dans » le passé, c'est-à-dire de 1858 à 1870, les indigènes » musulmans, membres des conseils généraux, ont

---

1. Décisions des 29 novembre et 10 décembre 1871.

DE MÉNERVILLE. *Dictionnaire de législation algérienne*, t. III, p. 113.

» toujours eu voix délibérative et, pour les en priver,
» il eût fallu une disposition expresse, alors surtout
» que l'intention de maintenir leurs droits antérieurs
» est formellement exprimée. » Puis, abordant l'ob-
jection tirée du mot *assesseurs,* il montrait qu'elle
n'était point sérieuse. « Cette qualification n'implique
» pas nécessairement le retrait de la voix délibéra-
» tive, puisque, dans divers textes de la législation
» coloniale, on rencontre des assesseurs ayant tantôt
» voix consultative, tantôt voix délibérative. Tels
» sont, par exemple, les décrets du 5 mai 1861 et
» 13 décembre 1866 sur la justice musulmane. Il y a
» donc lieu de penser qu'en désignant les indigènes
» par le titre d'*assesseurs,* le décret du 28 décem-
» bre 1870 a voulu marquer une différence d'origine
» entre ces membres qui devaient être nommés et les
» membres français qui devaient être élus, et nulle-
» ment retirer aux premiers ce droit qui résultait
» pour eux de la législation antérieure. »

Après avoir adopté cette interprétation, le gouver-
ment métropolitain prononça la dissolution du conseil
général d'Alger qui, en refusant d'admettre les conseillers musulmans à l'exercice du droit de vote,
« avait excédé la mesure de ses attributions et mé-
» connu les règles constitutives de son organisa-
» tion [1] ».

---

1. Décret du 20-31 décembre 1871.

Ce décret visait les articles 33 et 35 de la loi du 10 août 1871,
relative aux conseils généraux ; or, cette loi, n'ayant pas été promulguée d'une façon spéciale en Algérie, n'y était pas applicable.

Décision du conseil d'Etat en date du 12 février 1875. Dal., 1875,
III, p. 119.

La question était ainsi tranchée par le Ministre de l'Intérieur. Mais en l'absence d'un texte formel, elle pouvait, d'un moment à l'autre, être soulevée de nouveau.

Afin de supprimer définitivement toute controverse pour l'avenir, l'Assemblée nationale vota la loi du 22 novembre 1872, dont l'article 4 était ainsi rédigé : « Jusqu'à la loi sur la réorganisation de l'Algérie, les » assesseurs musulmans conserveront la voix que » leur donne le décret du 28 décembre 1870 [1]. »

Depuis la promulgation de cette loi, le droit des conseillers musulmans n'a plus été mis en doute : il été exercé d'une façon constante malgré certaines critiques qui pouvaient être fondées sous l'empire du décret du 23 septembre 1875 [2], mais qui en peuvent plus se concevoir sous l'empire du décret du 24 septembre 1908, le principe électif ayant été définitivement appliqué.

b) Ils participent à l'élection du président, des vice-présidents et des secrétaires.

Aucun doute ne peut exister sur ce point : du moment que les conseillers musulmans sont élus, ils doivent, comme les conseillers français, prendre part à la nomination du bureau du conseil général confor-

---

1. Loi du 22 novembre 1872, relative à la composition des conseils généraux.

2. Sous l'empire de ce décret, on disait que les membres musulmans désignés par l'administration et dirigés par elle, se joignaient d'ordinaire à la minorité afin de faire échec aux membres français élus ; ce qui avait pour conséquence « de fausser trop souvent l'opinion des conseils généraux » et « de livrer le sort des délibérations les plus graves à des majorités factices ».

E. Mercier, *op. cit.*, p. 263. — F. Gastu, *op. cit.*, p. 139.

mément à l'article 25 du décret du 23 septembre 1875 [1].

c) Ils font partie des diverses commissions nommées pour l'examen des affaires soumises au conseil.

L'article 26 modifié par le décret du 24 septembre 1908 est formel sur ce point : un membre musulman au moins doit faire partie de chaque commission.

Si ce membre n'est pas désigné par le conseil général, il doit alors être désigné d'office par le préfet du département.

d) Ils font partie de la commission départementale.

L'article 69 modifié par le décret du 24 septembre 1908 est encore formel : la commission départementale se compose non seulement de cinq membres français, mais aussi d'un membre musulman [2].

Le membre musulman de la commission départementale est élu par le conseil général comme les membres français.

e) Ils prennent part à l'élection des membres du conseil supérieur [3].

---

1. Antérieurement les assesseurs musulmans, quoique désignés par l'administration, étaient admis à élire le bureau du conseil général. On justifiait cette solution en disant que d'après l'article 5, al. 2 du décret du 23 septembre 1875, ces assesseurs siégeaient au même titre que les membres français.

2. Depuis 1908, ce membre musulman étant élu comme les membres français peut présider la commission départementale s'il se trouve être le plus âgé, conformément à l'article 72 du décret du 23 septembre 1875.

Antérieurement, ce membre, au lieu d'être élu, était désigné par le gouverneur général ; il ne pouvait, dès lors, présider la commission départementale.

3. D'après l'article 1 du décret du 23 août 1898, le conseil supérieur comprend quinze membres appartenant aux conseils généraux et élus par eux, à raison de cinq par conseil général.

D'après ce qui vient d'être dit, on voit que les conseillers musulmans ont les mêmes droits que les conseillers français.

Toutefois, une différence existe entre eux : les conseillers généraux musulmans ne peuvent prendre part à l'élection des sénateurs, parce qu'ils ne sont pas citoyens français.

Cette solution est conforme à l'article 11 de la loi du 2 août 1875 [1].

---

1. Décret du 2 août 1875 sur les élections des sénateurs.

§ IV

Conseils municipaux.

Dans chaque commune de plein exercice du territoire civil [1], il y a un conseil municipal, dont la composition est déterminée par la loi du 5 avril 1884 [2] et
par le décret du 7 avril 1884 [3].

Ce conseil municipal, présidé par le maire, ou a
défaut par son remplaçant, comprend non seulement
des conseillers municipaux au titre français, mais
aussi des conseillers municipaux au titre musulman [4].

Les indigènes se trouvent donc représentés actuellement dans les conseils municipaux ; ils l'étaient déjà
sous l'empire de la législation antérieure.

L'ordonnance du 28 septembre 1847 déclarait que
la population musulmane, lorsqu'elle atteindrait une
certaine proportion relativement à la popululation
totale, pourrait avoir des représentants chargés de
défendre ses intérêts particuliers [5].

---

1. Les communes de plein exercice ne se rencontrent ni dans
le territoire militaire de l'Algérie, ni dans les territoires du Sud.

2. Loi du 5 avril 1884 sur l'organisation municipale, art. 164.

3. Décret du 7 avril 1884 relatif à la représentation des indigènes musulmans dans les conseils municipaux de l'Algérie, art. 1.

4. Il faut noter que les adjoints indigènes ne siègent pas au
conseil municipal, lorsqu'ils sont pris en dehors de ce conseil.
Décret du 7 avril 1884, art. 5.

5. Ordonnance du 28 septembre 1847, relative à l'organisation
municipale en Algérie, art. 13.

Le même principe fut affirmé dans le décret du 27 décembre 1866[1].

La loi du 5 avril 1884 a définitivement admis la représentation des indigènes musulmans dans les conseils municipaux[2].

Voyons comment cette représentation est organisée par le décret du 7 avril 1884.

I. — *Nomination des conseillers municipaux au titre indigène*

L'ordonnance du 28 septembre 1847 donna au gouverneur général le droit de nommer des indigènes membres des conseils municipaux[3].

Ce mode de nomination fut bientôt abandonné.

En 1848, un arrêté pris par le Chef du pouvoir exécutif disposa qu'à l'avenir les conseillers indigènes seraient nommés à l'élection[4].

Un nouveau changement ne tarda pas à se produire. En 1854, le gouverneur impérial abrogea l'arrêté du général Cavaignac et remit en vigueur l'ordonnance royale[5].

---

1. Décret du 27 décembre 1866 sur l'organisation municipale, art. 3.

2. L'article 164 de la loi du 5 avril 1884 est ainsi conçu : « La présente loi est applicable aux communes de plein exercice de l'Algérie..... sous réserve des dispositions concernant la représentation des musulmans indigènes ».

3. Ordonnance du 28 septembre 1847, déjà citée, art. 13.

4. Arrêté du Chef du pouvoir exécutif en date du 16 août 1848, relatif aux municipalités de l'Algérie, art. 3.

5. Décret du 7 juillet 1854, art. 5.

Après quelques années, on revint à des idées plus libérales. Le décret du 27 décembre 1866 rétablit le principe de l'élection[1]. C'est ce même principe qui se trouve appliqué par le décret du 7 avril 1884.

Nous devons insister sur les conditions de l'électorat et de l'éligibilité.

A. *Electorat.* — D'après l'article 2 du décret du 7 avril 1884, les indigènes musulmans, pour être admis à l'électorat municipal, doivent :

a) Etre âgés de vingt-cinq ans.

Sous ce rapport, le décret du 7 avril 1884 reproduit le décret du 27 décembre 1866.

On peut se demander pourquoi les auteurs de ces deux décrets n'ont pas admis l'âge de vingt et un ans. Il est d'autant plus difficile de l'expliquer que cet âge a été jugé suffisant pour réclamer la naturalisation[2]. Du reste, en adoptant l'âge de vingt-cinq ans, on a ainsi supprimé la principale différence entre l'électorat et l'éligibilité.

b) Avoir une résidence de deux années consécutives.

Le décret du 27 décembre 1866 admettait à voter l'indigène ayant un an de domicile dans la commune[3], mais il fut modifié ensuite par le décret du 10 septembre 1874 qui imposa une résidence de deux années consécutives dans la commune[4].

---

1. Décret du 27 décembre 1866, art. 9.

2. Décret du 24 octobre 1870, relatif à la naturalisation des musulmans et des étrangers, art. 1.

3. Décret du 27 décembre 1866 sur l'organisation municipale, art. 10.

4. Décret du 10 septembre 1874, rendant applicable aux étrangers et aux musulmans habitant l'Algérie la loi du 7 juillet 1874.

Le décret du 7 avril 1884 reproduit la même condition ; on ne peut donc pas dire qu'il est, à cet égard, plus rigoureux que la législation précédente [1].

c) Se trouver en outre dans l'une des situations suivantes :

1° Etre propriétaire foncier ou fermier d'une propriété rurale ;

2° Etre employé de l'Etat, du département ou de la commune [2] ;

3° Etre membre de la Légion d'honneur, décoré de la médaille militaire, d'une médaille d'honneur ou d'une médaille commémorative donnée ou autorisée par le gouvernement français [3].

4° Etre titulaire d'une pension de retraite [4].

Le décret du 7 avril 1884 est conçu dans un esprit moins libéral que le décret précédent du 27 décembre 1866 [5] : il ne comprend pas parmi les électeurs les indigènes exerçant une profession, une industrie ou un commerce soumis à la patente. Une pareille exclusion est difficile à justifier : les indigènes patentés

---

1. M. Paul Leroy-Beaulieu dit par erreur que c'est le décret du 7 avril 1884 qui a substitué la résidence de deux ans au domicile d'un an. *Op. cit.,* 6e édit., 1908, t. I, p. 532.

2. L'indigène musulman, non naturalisé, peut être appelé en Algérie à des fonctions ou emplois civils. Décret du 21 avril 1866, titre III, art. 10.

3. L'indigène musulman, non naturalisé, peut être admis à servir dans les armées de terre et de mer. Décret du 21 avril 1866, titres I et II, art. 1 à 9.

4. Les indigènes titulaires de fonctions et emplois civils ont droit à la pension de retraite aux conditions, dans les formes et suivant les tarifs qui régissent les fonctionnaires en France. — Décret du 21 avril 1866, titre III, art. 10.

5. Décret du 27 décembre 1866, art. 10.

ont des intérêts bien suffisants pour être admis à participer aux élections municipales. Aussi plusieurs publicistes critiquent, sous ce rapport, le décret actuellement en vigueur : ils prétendent qu'il est beaucoup trop étroit et qu'il a besoin d'être modifié[1]. Suivant eux, l'on pourrait concéder l'électorat municipal non seulement à ceux qui sont locataires d'immeubles ou porteurs d'une décoration, mais encore à ceux qui paient certains impôts ou qui ont une certaine instruction.

L'utilité d'une semblable réforme a été reconnue par le gouverneur général de l'Algérie.

Sur son initiative, un projet, ayant pour but de réviser l'article 2 du décret du 7 avril 1884, a été soumis à l'examen du conseil de gouvernement. Aux termes de ce projet, on comprendrait sur la liste des électeurs municipaux les indigènes qui seraient commerçants tenant boutique, inscrits depuis plus d'un an au rôle de la patente, ou qui seraient titulaires d'une décoration française, non visée dans le décret de 1884, ou encore qui seraient pourvus d'un diplôme ou d'un titre universitaire[2].

Au début de l'année 1908, le conseil de gouvernement a étudié le projet soumis à son examen et a émis un avis favorable.

Du reste, cette modification apportée à l'électorat municipal ne peut être définitivement réalisée qu'avec l'approbation du gouvernement métropolitain et dans la forme d'un décret.

---

1. Paul Leroy-Beaulieu, *op. cit.*, 6e édit., 1908, t. I, p. 532.
2. Le certificat d'études primaires serait suffisant.

Notons, en terminant, que les indigènes ne sont inscrits sur la liste des électeurs musulmans qu'après en avoir fait la demande et avoir déclaré le lieu et la date de leur naissance [1].

B. *Eligibilité*. — Les indigènes musulmans peuvent choisir leurs représentants non seulement parmi leurs coreligionnaires, mais aussi parmi les citoyens français ou naturalisés. L'article 3 du décret du 7 avril 1884 fixe d'une façon différente les conditions d'éligibilité, suivant que les individus qu'il s'agit d'élire appartiennent à l'une ou à l'autre de ces deux catégories.

Les indigènes musulmans, pour pouvoir être élus, doivent :

1° Etre âgés de vingt-cinq ans ;

2° Etre domiciliés dans la commune depuis trois ans au moins ;

3° Etre inscrits sur la liste des électeurs musulmans de la commune [2].

Quant aux citoyens français ou naturalisés, ils ne sont éligibles au titre musulman que s'ils remplissent les conditions prescrites par la loi du 5 avril 1884 [3].

---

1. Un arrêté du gouverneur général du 27 novembre 1884 a réglé les détails d'application du décret.

2. Ce sont les trois conditions exigées antérieurement par le décret du 27 décembre 1866, art. 12.

D'après l'arrêté du 16 août 1848, tous les musulmans électeurs, âgés de vingt-cinq ans, étaient éligibles.

3. Loi du 5 avril 1884, déjà citée, art. 31.

II. — *Nombre des conseillers municipaux au titre indigène.*

L'article 1er du décret du 7 avril 1884 fixe le nombre des conseillers élus par les indigènes musulmans de la façon suivante :

Deux conseillers de 100 à 1,000 habitants musulmans. Au-dessus de ce chiffre, il y aura un conseiller de plus par chaque excédent de 1,000 habitants musulmans, sans que le nombre de ces conseillers puisse jamais dépasser le quart de l'effectif total du conseil ou dépasser le nombre de six.

On a prétendu que, sous l'empire du décret antérieur, le nombre des conseillers musulmans était plus élevé, puisqu'il pouvait atteindre le tiers au lieu du quart de l'effectif total[1]. Cette assertion n'est pas exacte.

Le tiers, fixé par le décret du 27 décembre 1866, devait être réparti entre trois catégories d'habitants : les indigènes musulmans, les indigènes israélites et les étrangers[2]. Dès lors, le nombre des conseillers municipaux que les indigènes musulmans étaient appelés à élire ne pouvait parfois dépasser le neuvième de l'effectif total.

---

1. Paul LEROY-BEAULIEU, *op. cit.*, 6e édit., 1908, t. I, p. 531.

2. M. Eugène Godefroy, réfutant l'assertion de M. Paul Leroy-Beaulieu, disait que le tiers était précédemment partagé entre la représentation musulmane et la représentation étrangère. *Revue algérienne de législation et de jurisprudence*, numéro d'avril 1888, p. 87.

Cet écrivain se trompait lui aussi sur la portée du décret du 27 décembre 1866.

D'ailleurs, quoique la proportion fixée par le décret de 1884 ne soit pas plus restreinte que la proportion fixée par le décret de 1866, nous n'hésitons pas à reconnaître qu'elle est beaucoup trop faible [1]. On pourrait très bien l'élever jusqu'au tiers de l'effectif total.

III. — *Droits des conseillers municipaux au titre indigène.*

Les conseillers municipaux, élus par les indigènes musulmans, siègent au même titre que les conseillers municipaux élus par les citoyens français [2].

Toutefois, cette règle comporte deux restrictions [3] :

a) D'abord, ils ne prennent pas part à l'élection des délégués pour les élections sénatoriales.

Cela tient à ce qu'ils ne sont pas citoyens français.

Sous ce rapport, le décret du 7 avril 1884 ne fait que reproduire en termes exprès la solution implicitement contenue dans la loi du 2 août 1875 [4].

---

1. Elle est dans les plus grandes villes de :
6 conseillers élus par les indigènes musulmans contre 21 à 36 conseillers élus par les citoyens français.
Elle est dans les plus petites localités de :
2 conseillers élus par les indigènes musulmans contre 10 conseillers élus par les citoyens français.
2. Décret du 7 avril 1884, art. 4, al. 1.
3. Décret du 7 avril 1884, art. 4, al. 2.
4. Loi du 2 août 1875 sur les élections des sénateurs, art. 11,

b) Ensuite, ils ne prennent pas part à l'élection du maire et des adjoints.

Sous ce rapport, le décret du 7 avril 1884 apporte une innovation.

Antérieurement, du moins depuis la promulgation de la loi du 28 mars 1882, applicable à l'Algérie[1], les conseillers musulmans pouvaient prendre part à l'élection des maires et adjoints.

Aussi, la disposition nouvelle fut-elle fort mal accueillie par eux.

Dès le 18 mai 1884, les musulmans du conseil municipal d'Alger déposèrent la protestation suivante :
« Le décret du 7 avril dernier a retiré aux Musul-
» mans des communes de plein exercice le droit,
» dont nous jouissons depuis fort longtemps, de
» concourir à la nomination des maires et des
» adjoints. Au moment où vous allez procéder à ce
» choix, nous tenons à protester, tant en notre nom
» qu'au nom de nos électeurs, contre une mesure
» incompréhensible, illégale même, en ce sens qu'elle
» est contraire à l'esprit et à la lettre de l'article 164
» de la loi du 5 avril dernier, qui nous retire un
» droit que nous avions et dont nous n'avons jamais
» mésusé.

» Nous devons exprimer ici toute la douleur que
» nous ressentons à la suite de cette privation.

» Entièrement soumis à la France, les Musulmans

---

1. Loi du 28 mars 1882.
L'article 3 de cette loi portait : « La présente loi est applicable
» à l'Algérie, sous réserve des dispositions du décret du 27 dé-
» cembre 1866, concernant les adjoints indigènes. »

» d'Alger, en particulier, lui ont donné, en maintes
» circonstances, des marques de leur dévouement.
» Bien que n'ayant pas de représentants au Parle-
» ment, nous espérons que nos voix y parviendront
» et que des cœurs sympathiques et généreux,
» comme les vôtres, soutiendront notre cause et la
» feront triompher[1]. »

Ces doléances étaient justifiées. Du moment que le principe électif est consacré par le législateur, nous pensons que tous les conseillers municipaux indistinctement doivent prendre part à l'élection du maire. Ainsi le veulent la raison et l'équité[2].

Rappelons que, d'après le décret du 24 septembre 1908, les conseillers municipaux au titre indigène sont appelés à élire les conseillers généraux musulmans[3].

---

1 Cette protestation était signée par MM. Abderrhaman Bonatero, — Ben Marabet, — Mouloud ben Saïd, — Chikiken, — Ben Sidi Saïd. Avant de la déposer, Abderrhaman Bonatero prononça un petit discours dans lequel nous relevons les phrases suivantes : « Nous siégeons dans cette enceinte au même titre que » les citoyens français : les mêmes intérêts nous y réunissent. » Dans ces conditions, il ne saurait exister d'antipathie de race ; » nous avons tous les mêmes auteurs : Adam et Eve ; nous som- » mes tous d'une même famille. Chacun de nous a sa dignité ; si » nous la respectons chez autrui, nous avons droit à la réciprocité. » La France, dans sa sagesse, entend que nous soyons gouvernés » avec modération, clémence et justice. » *Petit Algérien* du 22 mai 1884.

2. Paul LEROY-BEAULIEU, *op. cit.*, 6ᵉ édit. 1908, t. I, p. 532.

3. Décret du 23 septembre 1875, art. 5, modifié par le décret du 24 septembre 1908.

§ V

Commissions municipales des communes mixtes.

Dans chaque commune mixte des deux territoires de l'Algérie et des territoires du Sud[1], il y a une commission municipale dont la composition est déterminée par l'arrêté de création[2].

Il convient de distinguer, suivant qu'il s'agit du territoire civil ou du territoire militaire.

Dans le territoire civil, la commission municipale de chaque commune mixte comprend :

L'administrateur de la commune mixte président, et, en cas d'absence ou d'empêchement, l'administrateur adjoint[3];

Des adjoints et membres français, élus par les citoyens français et nommés pour quatre ans[4];

---

1. Les communes mixtes sont des circonscriptions administratives dans lesquelles la population musulmane prédomine sur la population européenne. Elles sont l'exception dans le territoire de commandement de l'Algérie et dans les territoires du Sud.

2. Décret du 7 avril 1884, déjà cité, art. 7 : « Des arrêtés du gouverneur général, délibérés au Conseil de gouvernement, pourvoient à la création et à l'organisation des communes mixtes ». — Arrêté du gouverneur général en date du 7 avril 1888, portant composition des commissions municipales des communes mixtes. Art. 2 : « Les commissions municipales de ces communes sont composées ainsi qu'il est dit aux colonnes 3, 4 et 5 du tableau ci-annexé. »

3. Arrêté du gouverneur général du 7 avril 1888, déjà cité art. 2.

4. Le nombre des adjoints et membres français est fixé par les arrêtés de création. Décret du 7 avril 1884, art. 7.

Des adjoints indigènes, chefs des tribus ou des douars compris dans la circonscription de la commune mixte [1].

Dans les territoires militaires, territoires de commandement de l'Algérie et territoires du Sud, la commission municipale de chaque commune mixte comprend :

Le commandant supérieur, président, et, en cas d'empêchement, le chef de bureau des affaires indigènes [2];

Les adjoints et membres français, élus par les citoyens français et nommés pour une période de quatre ans [3];

Les caïds, chefs des tribus comprises dans la circonscription de la commune [4];

L'élément musulman se trouve donc représenté dans les commissions municipales des communes mixtes de ces divers territoires.

Cette représentation, déjà admise par l'arrêté du gouverneur général du 20 mai 1868 [5] et par l'arrêté

---

1. Décret du 12 avril 1887, relatif à la nomination des membres des commissions municipales des communes mixtes, art. 1 et 2.

2. Arrêté du gouverneur général du 7 avril 1888, déjà cité, art. 2.

3. Décret du 12 avril 1887, déjà cité, art. 1 et 2.

4. Pour les communes mixtes de Bou-Saada, de Djelfa et de Laghouat, la commission municipale est composée d'une façon un peu différente; elle comprend : un adjoint français et des membres français élus par les citoyens français inscrits, un adjoint et des membres indigènes nommés par le général de division d'Alger ou par le commandant du territoire de Ghardaïa.

5. Arrêté du gouverneur général du 20 mai 1868, portant organisation municipale du territoire militaire, art. 6 et 7.

du 24 novembre 1871[1], a été depuis maintenue et organisée par tous les arrêtés constitutifs des communes mixtes.

Notons, toutefois, que les représentants de la population musulmane ne sont pas élus par leurs coreligionnaires : ce sont des agents administratifs, adjoints indigènes ou caïds des tribus, relevant de l'autorité civile et militaire[2], qui font partie des commissions municipales à raison même des fonctions qu'ils exercent.

Les membres indigènes de la commission municipale ont les mêmes droits que les membres français : ils délibèrent sur les affaires de la commune mixte.

En outre, ils font partie de certains collèges électoraux[3] :

a) Ils sont appelés à élire les délégués financiers des indigènes du territoire civil[4].

b) Ils sont appelés à élire les membres indigènes des conseils généraux[5].

---

1. Arrêté du gouverneur général du 24 novembre 1871 sur l'organisation municipale dans la région tellienne, art. 6 et 7.

2. Dans les communes mixtes du territoire civil, les adjoints indigènes sont nommés par le gouverneur général sur les présentations des administrateurs des communes mixtes. Dans les communes mixtes du territoire de commandement ou des territoires du Sud, les caïds sont nommés par le gouverneur général sur les présentations des commandants supérieurs des cercles.

3. Cela ne s'applique qu'à l'Algérie du Nord.

4. Décret du 23 août 1898, déjà cité, art. 5.

5. Décret du 23 septembre 1875, art. 5, modifié par le décret du 24 septembre 1908.

§ VI

Commissions municipales des communes indigènes.

Dans chaque commune indigène du territoire de commandement de l'Algérie et des territoires du Sud, il y a une commission municipale dont la composition est déterminée par l'arrêté de création.

Cette commission comprend :

Le commandant supérieur du cercle ou le chef de l'annexe, faisant fonctions de maire.

Le chef de bureau des affaires indigènes ou l'officier le plus ancien, faisant fonctions d'adjoint.

L'agha, s'il y en a un, et les caïds, chef des tribus comprises dans le cercle ou l'annexe.

L'élément musulman se trouve donc représenté dans les commissions municipales des communes indigènes.

Cette représentation a été admise pour la première fois dans l'arrêté du 20 mai 1868 ; elle a été depuis maintenue par tous les arrêtés de création des communes indigènes.

Notons toutefois que les représentants de la population musulmane ne sont pas élus par leurs coreligionnaires ; ce sont des agents administratifs, aghas ou caïds des tribus, relevant de l'autorité militaire[1], qui font partie de la commission municipale, à raison même des fonctions qu'ils exercent.

Les membres indigènes de la commission municipale délibèrent sur les diverses affaires de la commune indigène.

Ils font en outre partie d'un certain collège électoral[2] : ils sont, en effet, appelés à élire les membres indigènes des conseils généraux[3].

---

1. Voir ce que nous avons dit déjà au sujet de la nomination des caïds, p. 46.

2. Ils ne sont pas appelés à élire les délégués financiers du territoire de commandement de l'Algérie : ces délégués sont désignés par le gouverneur général.

Décret du 23 août 1898, art. 5.

3. Décret du 24 septembre 1908 modifiant l'article 5 du décret du 23 septembre 1875.

Conclusion

Nous venons de constater que des progrès notables ont été réalisés durant ces vingt dernières années.

La représentation des indigènes musulmans a été généralisée : elle existe actuellement pour toutes les assemblées algériennes, même pour le conseil supérieur et les délégations financières.

De plus, cette représentation a été complètement réorganisée pour les conseils généraux : les membres musulmans de ces conseils sont maintenant élus par leurs coreligionnaires, au lieu d'être nommés par le gouverneur général.

Ce sont là des innovations heureuses.

Mais certaines réformes restent encore à accomplir relativement aux conseils municipaux et aux commissions municipales.

En ce qui concerne les conseils municipaux, il conviendrait :

1° D'élargir les conditions de l'électorat pour les indigènes ;

2° D'augmenter le nombre des conseillers indigènes ;

3° D'accorder aux conseillers indigènes le droit de prendre part à l'élection du maire et des adjoints.

En ce qui concerne les commissions municipales des communes mixtes et des communes indigènes, il conviendrait d'introduire le principe de l'élection, tout en règlementant soigneusement les conditions de l'électorat et de l'éligibilité. Dès lors, les membres musulmans des commissions municipales seraient élus comme le sont les membres musulmans des conseils municipaux.

Cette première réforme devrait logiquement être suivie d'une autre [1].

Tous les indigènes, régulièrement inscrits sur les listes électorales dans une commune de plein exercice, dans une commune mixte ou dans une commune indigène, devraient être admis à élire eux-mêmes les membres musulmans des conseils généraux, des délégations financières et du conseil supérieur [2].

Le moment est venu d'opérer cette double réforme.

Si l'on veut appliquer le service militaire obligatoire aux Arabes et aux Kabyles qui jusqu'alors ont servi volontairement dans nos armées de terre et de mer [3], l'on doit en retour accorder à ces indigènes le droit d'avoir des représentants *directement* élus par eux, sinon dans le parlement de la métropole, du moins dans tous les conseils locaux de la colonie.

On ne peut, en effet, leur imposer sans compensation une charge qui, si elle n'est pas contraire aux

---

1. Ce que nous allons dire s'applique à l'Algérie proprement dite et non aux territoires du Sud.

2. Actuellement, les représentants des indigènes sont ou élus par un vote à deux degrés ou nommés par le gouverneur général.

3. Décret du 21 avril 1866, titres I et II.

Décret du 22 septembre 1898 modifiant les articles 4 et 5 du précédent décret.

Décret du 7 avril 1903 relatif à l'emploi de l'élément indigène dans les différents corps stationnés en Algérie.

Loi du 18 juillet 1903 relative à la création d'un corps de marins indigènes ou *Baharia,* en Algérie.

clauses de la Capitulation du 5 juillet 1830[1], semble
du moins devoir troubler profondément les habitudes
et les idées de la population musulmane de l'Algérie[2].

---

1. Le gouvernement français, en signant cette capitulation,
n'a pas renoncé pour l'avenir au droit d'imposer des charges
fiscales et militaires aux indigènes algériens; seulement l'établissement de ces charges ne peut pas porter atteinte au libre
exercice de la religion mahométane.

La Capitulation d'Alger, signée le 5 juillet 1830, se trouve
reproduite dans notre recueil *Traités de la France avec les pays
de l'Afrique du Nord*, p. 88.

2. Les indigènes algériens ont protesté vivement contre l'application du service militaire obligatoire. Du reste, leurs protesta-
tions ont été appuyées par les délégations financières, le conseil
supérieur et le conseil général d'Alger. *Bulletin du comité de
l'Afrique française*, 1908, p. 21, 218 et 385.

LISTE CHRONOLOGIQUE

des lois, décrets et arrêtés concernant la représentation des indigènes musulmans.

Décret du 23 septembre 1875 :
>   Relatif à l'organisation des conseils généraux en Algérie.
>   *Journ. off.*, 26 sept. 1875, p. 8353.

Loi du 5 avril 1884 :
>   Sur l'organisation municipale.
>   *Journ. off.*, 6 avril 1884, p. 1857.

Décret du 7 avril 1884 :
>   Relatif à la représentation des indigènes musulmans dans les conseils municipaux de l'Algérie.
>   *Journ. off.*, 10 avril 1884, p. 1939.

Décret du 12 avril 1887 :
>   Relatif à la nomination des Commissions municipales des communes mixtes de l'Algérie.
>   *Rev. algér. et tunis.*, 1887, 3e partie, p. 129.

Arrêté du gouverneur général de l'Algérie du 7 avril 1888 :
>   Portant composition des commissions municipales des communes mixtes de l'Algérie.
>   *Rev. algér. et tunis.*, 1888, 3e part., p. 105.

Décret du 23 août 1898 :
>   Instituant les délégations financières en Algérie.
>   *Journ. off.*, 25 août 1898, p. 5269.

Loi du 19 décembre 1900.
>   Portant création d'un budget spécial pour l'Algérie.
>   *Journ. off.*, décembre 1900, p. 8369.

Décret du 23 août 1898 :
>   Portant réorganisation du Conseil supérieur de Gouvernement. *Journ. off.*, 25 août 1898, p. 5271.

Décret du 24 septembre 1908 :
>   Modifiant le décret du 23 septembre 1875 sur l'organisation des conseils généraux en Algérie.
>   *Journ. off.*, 25 sept. 1908, p. 6581.

Décret du 11 mars 1909 :
>   Relatif aux conditions matérielles du scrutin pour l'élection des conseillers généraux musulmans. *Journ. off.*, 12 mars 1909, p. 2481.

TABLE

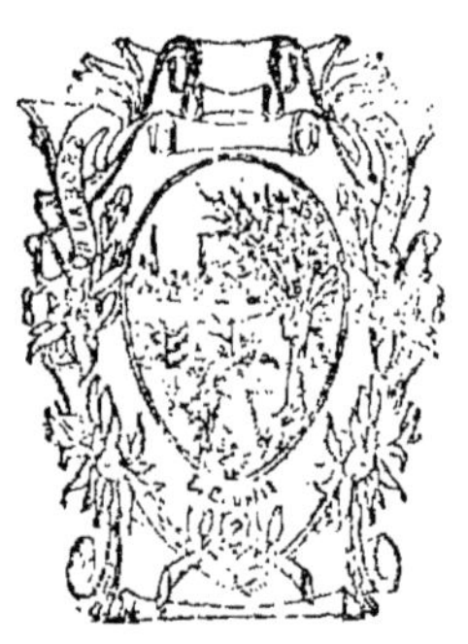